D1387841

Les 5-7 ans sont en prière

Françoise DOLL - Charles SINGER - Anne-Marie STOLL

SOMMAIRE

*I*ntroduction

Les grands, les moyens,
les 5 à 7 ans
et tous les autres
de tous les âges
et de toutes les tailles
qui sont des amis du Seigneur
sont en prière .

Tout au long des fêtes
et des dimanches,
tout au long des jours
de tous les jours,
tous ensemble
ou tout seuls dans leur chambre
ils disent avec confiance,
 ils chantent avec joie
et de tout leur coeur:
" Quel bonheur !
C'est toi, notre Seigneur !"

Toujours et partout

A la maison,
à l'école,
dans la rue,
dans les champs,
dans l'autobus,
à la campagne,

toujours et partout
je pense à toi, Seigneur !

En montagne,
dans la voiture,
dans la forêt,
à la piscine,
dans mes jeux,
à l'église,

toujours et partout,
tu es avec moi, Seigneur !

7

Viens

Seigneur Jésus, viens !
Il y a tant de guerres,
il y a tant de méchancetés,
il y a tant de tristesses
sur notre terre .

Il y a tant de gens qui pleurent,
il y a tant de gens qui ont peur.

Viens, Seigneur Jésus,
viens donner à toute la terre
le grand bonheur de Dieu!

9

Je prépare

Jésus,
voici comment je vais
préparer une place pour toi :

j'enlèverai la colère
qui bouillonne dans mon coeur,
j'ôterai la bouderie
et je sèmerai la bonne humeur,
j'arrêterai les coups
et je ferai la paix !

Pour te préparer une place,
Seigneur,
je le sais,
une seule chose est à faire :
donner beaucoup d'amour !

Vite

Oh, Seigneur,
la peur est dans mon coeur !

Vite un sourire,
vite du pardon,
vite de la douceur,
vite un baiser,
vite une tendresse !

Oh, Seigneur
alors elle s'envolera vite
12   la peur de mon coeur !

Quelle lumière

Avec toi, Jésus,
on est sûr
de la grande tendresse de Dieu :
quelle lumière !

Avec toi, Jésus,
on est sûr d'être pardonné:
quelle lumière !

Avec toi, Jésus,
on est sûr
d'apprendre à partager :
quelle lumière !

Avec toi, Jésus, c'est la lumière !

Je vous salue Marie

Avec les chrétiens
je prie Marie, la mère de Jésus :

Je vous salue Marie
pleine de grâce,
le Seigneur est avec vous.
Vous êtes bénie
entre toutes les femmes,
et Jésus,
le fruit de vos entrailles,
est béni.
Sainte Marie, mère de Dieu,
priez pour nous, pauvres pécheurs,
maintenant et à l'heure de notre mort.
Amen !

Porteurs de lumière

Seigneur,
nous connaissons la lumière
que tu as portée
aux habitants de la terre :
c'est la lumière de ton amour !

Tu as pardonné les offenses,
tu as rendu la joie
à ceux qui avaient perdu l'espérance,
tu as reçu auprès de toi
tous ceux qu'on rejetait de partout,
tu as donné le pain
à ceux qui avaient faim.

Avec toi, Seigneur,
je veux être un porteur d'amour,
un porteur de lumière !

Crèche

Jésus,
lumière de Dieu
chez les hommes !
Marie et Joseph
t'ont bercé,
les anges t'ont chanté,
les bergers t'ont regardé.

Je te vois dans la crèche
et je te prie :
Jésus,
Lumière de Dieu
chez les hommes !

Noël - lumière

Jésus, te voici
tout pauvre et tout petit
dans la mangeoire de paille!

Te voici dans l'étable
pour nous dire
de la part de Dieu :
" De tous les pays,
de toutes les races,
de toutes les couleurs,
venez avec moi!
Je vous emmène
dans la maison de mon Père
où une place est préparée
pour chacun de vous !"

22

Épiphanie

Dans la crèche
c'est Jésus,
soleil de l'amour de Dieu
brillant pour toute la terre !

Pour tous il fait briller
le pardon de Dieu
plus grand que tout l'univers !

Pour tous il fait briller
la joie de Dieu
qui dure plus longtemps
que tous les siècles des siècles !

C'est l'Épiphanie :
la lumière de Dieu est avec nous !

Comme les mages

Ils ont marché longtemps,
ils ont marché dans la nuit,
ils ont marché à l'étoile,
et dans la crèche
ils ont trouvé un Enfant de Lumière !

Oh, Seigneur de Lumière
comme les mages
nous te cherchons
chaque jour.

Pour te trouver, Seigneur,
il suffit de suivre
l'étoile de la bonté et de la paix !

26

Oreilles bouchées

Des oreilles bouchées
par la mauvaise humeur,
ça m'empêche d'entendre,
Seigneur !

Ouvre mes oreilles, Seigneur,
pour entendre ta Parole
qui m'appelle à aimer.

Des poings serrés
par la colère grinçante,
ça m'empêche d'être bon.

Desserre mes mains, Seigneur,
pour qu'à nouveau, avec toi,
je puisse distribuer
la douceur.

Oui je me convertis

Quand on regarde
le Seigneur Jésus
on se convertit :
on se met à aimer comme lui,
on se met à pardonner comme lui,
on se met à donner de la joie
comme lui !
On se met à prier
comme lui !

Je te regarde, Jésus,
et vois, je commence
à me convertir !

*I*ci et là

Là on se sourit,
on est heureux, on se réjouit :
c'est clair, Seigneur, tu es là !

Ici on pleure,
on est malheureux, on est malade :
c'est clair Seigneur, tu es ici !

Là on s'entraide,
on prie,
ici on fait des efforts,
on partage,

là on console,
ici on se parle :

c'est clair, Seigneur,
tu es ici et tu es là
où vivent les habitants de la terre !

Je t'accueille

Seigneur Jésus
je t'accueille
comme un ami préféré !

Dans mon coeur
il y a de la place pour toi.

Je te dis mes larmes
de chaque jour.
Je te remercie pour mes rires
de chaque jour.

Avec toi, Seigneur,
c'est le soleil
dans chaque jour!

Ça alors !

O Seigneur Jésus !
Tu guéris l'aveugle et le boiteux,
tu rends le courage
aux malades et aux abandonnés.

Tu touches le lépreux
que tous regardent de travers
et de loin.

Tu restes l'ami de Pierre
qui te trahit.

A Zachée qui a volé,
tu parles avec bonté.

Tu ouvres tes bras sur la croix !

Ça alors, Seigneur Jésus
c'est vraiment vrai :
tu nous aimes vraiment
d'un grand amour !

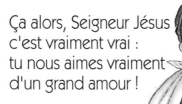

Jeudi Saint

Lorsqu'on aime quelqu'un
on ne voudrait rien garder pour soi,
on voudrait tout lui donner !

On voudrait être comme du pain
partagé et distribué
à ceux qu'on aime.

On voudrait être comme du vin
offert et versé
à ceux qu'on aime
afin qu'ils reçoivent de la force
et de la joie pour vivre !

Vendredi Saint

Jésus voulait seulement
annoncer que Dieu aimait
tous les habitants de la terre.

Certains n'ont pas compris.
Alors ils l'ont mis à mort
sur une croix.

Mais est-il possible
de faire taire celui
qui montre
l'amour de Dieu ?

Dimanche de Pâques

Jésus est vivant !
Le tombeau est vide :
la mort n'a pu le garder !

Jésus est plus grand que la mort.
L'amour de Dieu est tellement fort :
rien ne peut l'arrêter,
même pas la mort !

Seigneur de printemps

Le sourire
plus fort que la bouderie,
la douceur
plus forte que la colère,
la main tendue
pour remplacer la main qui griffe,
les mots câlins
pour remplacer les mots
qui grincent de méchanceté :
tout est neuf !

C'est Pâques :
avec toi, Seigneur,
commence un printemps
où tout est neuf !

Tout neufs

Des bourgeons qui s'ouvrent
sans bruit un matin
pour cueillir le soleil :
c'est tout neuf !

Des fleurs qui dansent
avec leurs couleurs
sur les prés et les balcons :
c'est tout neuf !

Fini l'hiver,
finies les branches toutes sèches,
c'est tout neuf,
c'est le printemps !

Des coeurs qui n'ont plus peur,
la mort qui est chassée,
alléluia qui est chanté :
c'est tout neuf,
c'est Pâques !
Jésus est vivant !

Une maison de prière

Il fait si beau !
Avec Marine et ses amis
nous avons décidé
de partir en promenade.

Au détour d'un chemin
quelle surprise !
Une petite chapelle
nichée dans la verdure
ouvre grand ses portes aux visiteurs.

Dans le calme et la fraîcheur
nous sommes assis.
Il y a des gens debout,
il y a des gens inclinés,
il y a des gens à genoux.

Visages graves, visages souriants…

Ils sont là :
ils prient de tout leur corps,
ils prient de tout leur cœur .
Et moi je prie avec eux !

Merci

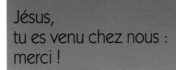

Jésus,
tu es venu chez nous :
merci !

Tu t'es occupé des malades,
tu as mangé avec les pécheurs,
tu t'es soucié des pauvres :
merci !

Tu as donné ta vie,
tu es mort sur la croix,
tu es ressuscité :
merci !

Tu nous aimes
plus que tout :
merci !

La grande prière des chrétien

Avec les chrétiens du monde entier
je prie , Seigneur Jésus,
la prière que tu as laissée aux apôtres :

Notre Père
qui es aux cieux,
que ton nom soit sanctifié,
que ton règne vienne,
que ta volonté soit faite
sur la terre comme au ciel !
Donne-nous aujourd'hui
notre pain de ce jour.
Pardonne-nous nos offenses
comme nous pardonnons aussi
à ceux qui nous ont offensés.
Et ne nous soumets pas à la tentation
mais délivre-nous du mal !
Amen !

EDITEUR

Editions du Signe

1 rue Alfred Kastler
B.P. 94 - 67038 Strasbourg Cédex 2
Tél. 88 78 91 91 - Fax 88 78 91 99

MAQUETTE
Chris

ILLUSTRATIONS
Atelier MOSQUITO

© Editions du Signe - Strasbourg
ISBN 2-87718-154-5
1 Èdition
Dépôt légal 3 trimestre 1994.
Déposé au Ministère de la Justice à la date de la mise en vente.
Loi n° 49-956 du 16.07.1949 sur les publications destinées à la jeunesse.
Tous droits réservés - Reproductions interdites

Imprimé en Belgique par Proost NV - Turnhout